T0279159

Natàlia Sabater

Ilustraciones de
Laura Borràs

Aprendiz de pianista

Redbook

MA
NON
TROPPO

© 2023, Natàlia Sabater Garcia (por el texto)

© 2023, Laura Borràs Dalmau (por las ilustraciones)

© 2023, Redbook ediciones

Diseño de cubierta: Regina Richling

Diseño de interior: Quim Miserachs

ISBN: 978-84-18703-55-3

Depósito legal: B-5.319-2023

Impreso por Sagrafic, Passatge Carsi 6, 08025 Barcelona

Impreso en España - *Printed in Spain*

Contenidos

Presentación

Siempre he pensado que es básico que el primer contacto con un instrumento musical sea atractivo, apasionante y motivador. En este sentido, el piano nos ofrece una gran oportunidad que debemos aprovechar: en el piano es fácil reproducir un sonido porque, a diferencia de otros instrumentos, cuando tocas una tecla suena y por lo tanto se puede improvisar y tocar melodías conocidas desde el inicio.

Esto no quiere decir que el aprendizaje del piano sea fácil, ya que es complicado aprender la técnica, la digitación, la coordinación, la precisión, la expresividad… El dominio de cualquier instrumento musical requiere años de práctica y de estudio constante.

Este libro en forma de cuento está pensado para acercar el estudio del piano a todo aquel que tenga curiosidad para iniciarse en su aprendizaje. Es un primer contacto o complemento al trabajo del profesor en clase, que creo insustituible.

Dos compañeros de clase descubrirán los orígenes de este instrumento, su mecanismo y aprenderán las nociones básicas para empezar a tocarlo de la mano de músicos y pianistas célebres de la historia de la música.

Todo ello gracias a que un día, por una acción inesperada, se despierta la magia en el museo de la música.

1

Un día
en el museo

Y para acabar la visita al museo de la música, vamos a conocer los instrumentos de cuerda pulsada y cuerda percutida –señaló Pe, la guía del museo, dirigiéndose a un grupo de niños y niñas de sexto de primaria.

Aquel día era especial y en el museo todo el personal iba disfrazado como si fuesen personajes relacionados con la música. Pe, que era una chica muy amable y agradable, iba caracterizada con un vestido y una túnica griega representando a la musa Euterpe, la encargada de proteger la música y los instrumentos musicales y hablaba del museo con una pasión increíble. Parecía que realmente hubiera nacido para apreciar todo lo relacionado con la música.

El museo era impresionante, tenía diferentes salas distribuidas en un recorrido circular. A lo largo de ellas se mostraban una grandísima cantidad de instrumentos musicales de diferentes familias (cuerda, percusión y viento), de diferentes culturas y continentes (África, América, Asia, Europa y Oceanía) y de diferentes períodos históricos, por lo que recorrer sus salas de techos altísimos, de vitrinas de vidrio enormes y de suelos y paredes cubiertas de moqueta de un intenso color rojizo era como entrar en una máquina del tiempo que te transportaba a diferentes épocas y lugares.

Los niños estaban en una sala enorme y en el centro había un piano de cola negro, un piano que había sido tocado por los mejores pianistas en las grandes salas de concierto de todo el mundo. ¡Y lo tenían delante de sus ojos! Por supuesto no se podía tocar porque, aunque estaban las teclas a la vista, éstas estaban protegidas con una tapa de plástico transparente, de forma que solamente se podían mirar. Además, un cartel indicaba claramente: «No tocar».

• ¿Por qué no podemos tocar este piano de cola? –preguntó Clara después de levantar la mano.

◆ Como os he comentado al principio de la visita, todos los instrumentos del museo son piezas únicas y se tienen que conservar. Por lo tanto, no se pueden tocar porque se desgastarían con el uso –respondió Pe.

• ¡Oh! –dijeron desilusionados algunos de los compañeros de Clara.

◆ La buena noticia es que en la última sala del museo podréis tocar diferentes instrumentos que están expuestos para esta finalidad –comentó Pe animadamente.

Mientras Pe iba explicando diferentes características de los instrumentos de la sala, Clara y Dani, otro compañero muy amigo de ella, disimuladamente se iban alejando del grupo.

Cuando el resto del grupo estaba distraído, Dani y Clara se dirigieron sigilosamente al piano, y levantando la tapa de plástico sin hacer ruido, tocaron una tecla suavemente...

• Puf... Total... ¿Qué es lo que puede pasar si no hacemos caso...? –murmuró Dani.

Pobres, no sabían lo que habían hecho... nadie se podía imaginar lo que iba a suceder... De pronto, en el museo se paró el tiempo, todas las personas que estaban dentro se quedaron inmóviles, los compañeros y compañeras de clase de Clara y Dani, su profesor,

otros grupos de estudiantes que visitaban el museo como ellos... parecía que todos se hubieran convertido en piedra. Todos, menos Clara, Dani, Pe... ¡y todos los instrumentos del museo!

Los instrumentos musicales estaban revoloteando por todas partes, sonando sin parar. El ruido era ensordecedor y rápidamente corrieron a buscar refugio debajo de una mesa. No cesaban de pasar instrumentos a toda velocidad por todos lados y os podéis imaginar qué puede pasar si eres arrollado por un piano de cola o si se te estampa una trompa en la cabeza...

◆ Esperadme. No os mováis de aquí –les dijo Pe mientras desaparecía apresuradamente.

Pe había ido a buscar al responsable de todo esto. Pan, el dios griego de la naturaleza y de los pastores y excelente músico intérprete de flauta estaba muy enfadado. Era especialmente irascible cuando se le molestaba mientras dormía la siesta.

■ ¡Qué pasa aquí! ¡Estaba descansando y alguien me ha despertado tocando una tecla del piano! –exclamó Pan enfadado y con cara de sueño.

◆ Me imaginaba que estabas por aquí justamente hoy... esto... a ver... mientras estaba haciendo la visita guiada, han tocado una tecla del piano de cola sin querer. No es para tanto –dijo Pe intentando calmarlo.

■ ¿Sin querer? No hay derecho, aquí no se respeta el descanso de nadie, ni tampoco se respetan las normas. ¿No sabían estos chicos que los instrumentos de estas salas no se pueden tocar? Si tienen tantas ganas de tocar el piano, lo tendrán que demostrar... Ya sé qué voy a hacer: les manda-

ré unas pruebas y solamente si las superan todas con éxito, completarán el código musical que hará que todo vuelva a la normalidad.

◆ Sí, me parece justo. Ahora hablaremos de las pruebas… Pero primero, ¿podrías detener los instrumentos musicales? ¡Están todos volando por las salas del museo y sonando sin parar! ¿No te has dado cuenta? –respondió Pe apesadumbrada.

■ ¡Claro que me he dado cuenta! Pero yo no he sido quien los ha animado… y no sé quién ha podido ser…

En aquel momento se formó una enorme luz en la sala y de ella salió un gigante con unas enormes alas.

ASTREO
ERA UN TITÁN GRIEGO, CONSIDERADO EL PADRE DE LOS VIENTOS, DE LAS ESTRELLAS Y DE LAS CONSTELACIONES. TAMBIÉN ERA EL DIOS DEL ANOCHECER Y DE LOS NAVEGANTES. SE LE REPRESENTABA COMO UN GIGANTE ALADO O TAMBIÉN PODÍA ADOPTAR LA IMAGEN DE UN CABALLO.

◆ ¡Hola Astreo! –dijo Pan sorprendido–. No sabía que habías vuelto. ¿Zeus no te había convertido en estrella para que dejaras de soplar tus vientos huracanados por todos lados?

■ Sí, hasta hace unos minutos era una estrella, pero me ha despertado la magia del museo… y he querido pasar a veros porque… ¡vuelvo a tener mis poderes! Por cierto, os he oído y no hace falta que les enseñéis a tocar el piano, ni que les hagamos pasar unas pruebas. Ya estamos bien así, ¿no os parece? Yo al menos estoy encantado de volver a ser el Astreo de siempre.

Pe, que hasta el momento había estado callada, pidió a Astreo que detuviera los instrumentos musicales y los hiciera regresar todos a su sitio. A continuación, les dijo:

◆ A mí me parece justo que se les dé a Clara y a Dani la oportunidad de parar la magia. Hay muchas personas aquí dentro petrificadas que no merecen estarlo y el museo de la música tiene que recuperar su razón de ser, tiene que poder ser visitado y nosotros tenemos que regresar a nuestro hogar. Por lo tanto, me encargaré de que Clara y Dani aprendan a tocar el piano. No estaré sola, pediré a los y las pianistas que forman parte del contenido del museo que me ayuden. Ya veis que estaremos muy ocupados… Por lo que espero que Pan no nos distraiga con sus bromitas y que Astreo no nos impida realizar las pruebas.

Pan la miró sonriendo. Le resultaba difícil no gastar bromas, ya que siempre estaba dispuesto a pasarlo bien. En cambio Astreo no la miró y se fue enfadado...

Seguidamente, Pe volvió con Clara y Dani, que ya estaban más tranquilos, y les dijo:

◆ Chicos, antes había explicado que no se podían tocar los instrumentos. ¿No me habíais escuchado? Además, hoy... hoy es un día muy especial. Es el día de la música, por este motivo vamos todos los trabajadores del museo caracterizados de personajes relacionados con la música. Al tocar la tecla del piano habéis hecho enfurecer al dios Pan, que casualmente estaba aquí de visita, y ha aparecido el titán Astreo, dios de los vientos, de las constelaciones y de las estrellas. Se ha despertado la magia en el museo y sólo vosotros podréis pararla.

● ¿Nosotros? ¿Cómo? –preguntó Dani con unos ojos como platos.

◆ Ahora os diré cómo –respondió Pe muy preocupada.

● Lo siento mucho... no nos podíamos imaginar que pasaría esto... Fue idea tuya, Dani... –añadió disgustada Clara.

● ¡No es verdad! Tú también querías tocar el piano –respondió enfadado Dani–. ¿Y ahora qué hacemos?

◆ No discutáis. Ahora ya no sirve de nada... Prestad mucha atención a lo que os voy a decir: Pan os ha retado a aprender a tocar el piano. Como guía del museo, he pedido ayuda a algunos músicos pianistas que forman parte del fondo histórico del museo, que se irán despertando y os enseñarán diferentes contenidos relacionados con este instrumento. Después de cada explicación deberéis pasar una prueba relacionada con lo que habréis aprendido. La realización correcta de cada prueba os revelará una nota musical que pertenece al código que se debe tocar en el piano en el que se ha iniciado la magia. Este código será el que parará la magia y todo volverá a la normalidad. No será fácil, porque tened en cuenta que Astreo no tiene ningún interés en que superéis las pruebas, por lo que mucho me temo que intentará ponéroslo difícil.

● Pe, ¿no tienes ese código musical? Si has conseguido que dejaran de volar todos los instrumentos musicales, ¿por qué no paras toda la magia? –preguntó esperanzado Dani.

◆ No, por supuesto que no… Yo no he parado los instrumentos… El código sólo lo tiene Pan y cada uno tiene que asumir sus responsabilidades, vosotros habéis desencadenado la magia y ahora, con vuestro esfuerzo y mi ayuda, la tendréis que parar.

● Y si no conseguimos superar las pruebas… ¿qué va a pasar? ¡Nuestros amigos no se pueden quedar así para siempre! –dijo Clara muy angustiada.

◆ Mejor no pensarlo… Tendréis unos profesores geniales que os enseñarán todo lo necesario para que las podáis superar, pero no servirán de nada si vosotros no estáis dispuestos a aprender. Por eso os pido que unáis vuestras fuerzas para solucionar esta situación en la que nos habéis metido…

● Lo haremos. A mí me gusta el piano –dijo Dani

● A mí también –afirmó Clara. Y, mirando a Dani, añadió decidida–: ¡Estamos preparados para empezar!

2

De dónde viene el piano

MARÍA ANNA MOZART NACIÓ EN SALZBURGO EN 1751 Y MURIÓ EN 1829. ERA LA HERMANA MAYOR DE W. A. MOZART Y TAMBIÉN FUE UNA NIÑA PRODIGIO, EXCELENTE INTÉRPRETE DE CLAVE Y PIANO. A LOS 5 AÑOS DE EDAD YA EMPEZÓ A DAR CONCIERTOS. DEBIDO A QUE EN AQUELLA ÉPOCA NO SE PERMITÍA A LAS MUJERES POTENCIAR SUS APTITUDES, NO PUDO CONTINUAR SU CARRERA COMO CONCERTISTA. FUE PROFESORA Y COMPOSITORA.

Acto seguido empezó a cobrar vida la imagen de uno de los cuadros que estaban colgados en la pared.

En unos instantes la señora del cuadro estaba ya presente en la sala. Llevaba la típica peluca blanca de su época, y un vestido largo de seda de color rosa pálido brillante, muy vaporoso y lleno de lazos.

■ Hola chicos, vengo a ayudaros... y espero que tendréis interés en aprender curiosidades sobre el piano. Mi nombre es María Anna Mozart, aunque me suelen llamar Nan-

nerl. Supongo que os suena más el nombre de mi hermano Wolfgang Amadeus Mozart...

● Hola Nannerl –respondieron al unísono.

● Somos Clara y Dani. Sentimos lo que está pasando –añadió Clara.

● Conocemos a Mozart y en el cole también nos han hablado de ti, eras una niña prodigio –comentó Dani.

Muy contenta por el comentario de Dani, Nannerl prosiguió:

■ Vamos a observar la sala en la que estamos. Aquí, además del piano que habéis tocado, podéis ver otros pianos distintos, empezando por el clavicémbalo, pasando por el clavicordio y acabando por el fortepiano, que son los predecesores del actual piano. En la actualidad existen diferentes tipos de pianos: el piano vertical, el piano de cola y el teclado, que como podéis ver allí –dijo señalando al teclado–, para que suene, a diferencia de los anteriores, tiene que estar conectado a la electricidad.

■ Ahora empezaremos por conocer uno de los instrumentos de tecla anteriores al piano. Nos tenemos que trasladar quinientos años atrás, a la época conocida como el Renacimiento, imaginaros los palacios, los salones ornamentados y los vestidos de época. Pues en aquel entonces en los salones se tocaba el clavicémbalo o clavecín.

■ El clavicémbalo o clavecín es un instrumento que generalmente estaba muy adornado con pinturas, formado por uno o dos teclados y de la familia de cuerda pulsada. Se llama de cuerda pulsada porque cuando se tocan las teclas se acciona un mecanismo que pinza con una púa las cuerdas que están en su interior. Este mecanismo no distingue la intensidad o fuerza con la que se pulsan las teclas, por lo que todos los sonidos suenan igual de fuertes o flojos –explicó mientras señalaba el instrumento para que lo observaran.

● Perdona Nannerl, ¿el clavecín es de tu época? –preguntó Clara señalándolo.

■ No, es un poco anterior. Empezó a tocarse en el siglo XV (año 1400), durante el Renacimiento, y su época de mayor uso fue durante el Barroco, en los siglos XVII y XVIII (entre el año 1600 y 1750). Yo nací un poco más tarde, en el

1751, cuando estaba empezando la época conocida como el clasicismo y aunque también lo tocaba, me interesé más por un nuevo instrumento de tecla: el clavicordio.

Mientras iba hablando, los diferentes instrumentos que iba nombrando se empezaron a mover muy lentamente por la sala... como si estuvieran inquietos y aunque todos se dieron cuenta, nadie hizo ningún comentario.

■ El clavicordio fue muy popular del siglo XVI al XVIII, entre el 1500 y el 1700, y era de cuerda percutida como el piano, porque al tocar las teclas se accionaba un mecanismo que movía unos martillos que golpeaban las cuerdas. Con este instrumento ya se podía empezar a tocar con alguna diferencia de intensidad, aunque su sonido era muy débil. El clavicordio fue mejorando para conseguir más sonoridad

BARTOLOMEO CRISTOFORI
NACIÓ EN PADUA EN 1655 Y MURIÓ EN FLORENCIA EN 1731. FUE UN MÚSICO ITALIANO QUE SE DEDICÓ A LA CONSTRUCCIÓN DE INSTRUMENTOS MUSICALES. ES RECONOCIDO POR HABER SIDO EL CONSTRUCTOR DEL PRIMER PIANO DE LA HISTORIA. HABÍA CREADO UN INSTRUMENTO QUE PODÍA HACER SONIDOS MÁS FLOJOS O MÁS FUERTES POR MEDIO DEL TACTO DE LAS TECLAS.

y expresividad, convirtiéndose en el pianoforte (diseñado por Bartolomeo Cristofori) y posteriormente en el piano actual, cuyo nombre proviene de la abreviación de pianoforte, como os habréis dado cuenta.

■ En el piano actual se pueden hacer muchas variaciones de la intensidad del sonido. Podemos tocar muy fuerte o muy flojo –señaló Nannerl. Pero cuando fue a mostrar las diferentes intensidades en el piano, el piano se apartó. Si ella se acercaba por un lado, el piano se movía hacia el otro. Así estuvieron persiguiéndose un rato por la sala hasta que Pe dijo:

◆ Pan, por favor, ¿puedes dejar de molestar? Así no se puede continuar…

Seguidamente se escuchó una risa muy contagiosa y se vio cómo se alejaba un ser muy curioso con patas, pezuñas y cuernos de cabra.

Clara y Dani se miraron sorprendidos, sonrieron pero se concentraron en seguida.

● Perdona, Nannerl, ¡qué curioso que este pianoforte que estamos viendo tenga los colores de las teclas cambiados! –comentó Clara.

● ¡Sí, es verdad, las teclas más largas son negras y las más cortas blancas! –añadió Dani.

■ ¡Sí! Muy buena observación. En mi época los colores se establecían de este modo y no sólo se aplicaban a los pianofortes, sino también a los clavicémbalos, órganos y demás instrumentos de teclado.

● ¿Y por qué se cambió el color? –preguntó Dani.

■ Por motivos visuales. Si la mayoría de las teclas son blancas, las negras, que son menos, destacan más.

● ¿Y qué diferencias hay entre las teclas blancas y las negras? ¿Por qué se utilizan dos colores? –preguntó Clara, curiosa.

■ Tanto las teclas blancas como las negras corresponden a sonidos diferentes y se utilizan dos colores para que sea más fácil localizarlas en el teclado. ¿Por cierto, por qué creéis que existen pianos verticales? ¿Por qué no son todos de cola?

● Supongo que porque los verticales ocupan menos espacio –respondió Dani.

■ ¡Exactamente! Y otra razón es porque son mucho más económicos, igual que los teclados eléctricos. Antiguamente era muy común que en todas las casas hubiese un piano. Antes no existía la televisión, ni internet, ni las tabletas… –sonrió Nannerl– y tocar música era uno de los entretenimientos preferidos de la época. Y como pasa ahora también, no todas las familias se podían permitir tener en casa un piano de cola, pero sí un piano vertical.

● Y… otra pregunta. Estos instrumentos anteriores no tienen pedales y el piano en cambio sí. ¿Por qué? –volvió a interrumpir Clara.

■ Porque no eran necesarios en aquella época. Se crearon para mejorar la sonoridad del piano –replicó Nannerl.

Acto seguido el piano de cola se empezó a mover otra vez, dando vueltas sobre sí mismo. Entonces, del techo cayó un sobre que fue a parar encima del piano. Así empezaba la primera prueba. Pe abrió el sobre y leyó a continuación:

◆ Bien, si habéis estado atentos podréis responder a esta pregunta: ¿En qué instrumento podemos tocar muy flojo, flojo, fuerte o muy fuerte dependiendo de cómo presionemos las teclas: en el clavecín o en el piano actual?

Antes de que pudieran responder, el museo quedó a oscuras y pasó por encima de sus cabezas un cometa brillante, a toda velocidad, iluminándolo todo. No cesaba de dar vueltas por la sala acercándose a ellos. Aunque era un espectáculo precioso, estaban muertos de miedo escondidos debajo del piano de cola sin poder articular ni una palabra.

◆ Chicos, Astreo os está intentando despistar, pero tenéis que responder –les apremió Pe.

● En el piano actual –susurraron los dos a la vez.

◆ ¡Respuesta correcta! La primera nota del código musical es el **MI**. –Leyó Pe.

Seguidamente, el cometa desapareció, todos salieron de debajo del piano y María Anna Mozart se sentó para empezar a tocar el conocido tema con variaciones «Ah, vous dirai-je, Maman» («Estrellita dónde estás») que había compuesto su hermano Wolfgang Amadeus Mozart.

EL TEMA CON **VARIACIONES** ES UNA FORMA MUSICAL QUE CONSISTE EN QUE SOBRE UNA MELODÍA CONOCIDA SE VAN HACIENDO DIFERENTES VERSIONES DE ÉSTA Y SE TOCAN TODAS LAS «VARIACIONES» SEGUIDAS.

3

Nos explican el piano: partes, mecanismo, teclado

Cuando acabó la interpretación, Nannerl empezó a volar por la habitación encima de la banqueta en la que estaba sentada hasta entrar en el cuadro por el que había salido. A continuación, comenzó a cobrar vida el señor que estaba en el cuadro de al lado.

● ¡Qué chulo! ¿Has visto Clara? ¡Un banco de piano volador! Yo también me quiero subir en uno... –exclamó Dani.

● ¡Sí! ¡Es muy chulo! A mi hermano le encantaría ir en este banco volador… –rió Clara.

■ Hola, perdonad, pero aún estoy un poco dormido. Llevo mucho tiempo aquí dentro y me está costando estirar las piernas. Realmente, no hay como despertarse con la música de Mozart y más aún si la intérprete es Nannerl. Una verdadera lástima que en la época en la que vivió no se reconociera el talento de las mujeres... Soy Frédéric Chopin, pianista y compositor polaco. Supongo que si Pe me ha despertado será por una buena causa...

■ Ya conocéis un poco de la historia del piano y ahora os explicaré sus diferentes partes y su funcionamiento. ¿Estáis preparados?

Clara y Dani, que estaban sin poder hablar debido a lo asombroso que era todo lo que estaban viviendo, asintieron con la cabeza y Chopin prosiguió con su explicación.

FRÉDÉRIC CHOPIN NACIÓ EN VARSOVIA EN 1810 Y MURIÓ EN PARÍS EN 1849. FUE UN NIÑO PRODIGIO QUE EMPEZÓ A DAR CONCIERTOS DE PIANO A LOS 6 AÑOS DE EDAD. ES VALORADO COMO UN GRAN COMPOSITOR DEL ROMANTICISMO. SE DEDICÓ PRINCIPALMENTE A LA COMPOSICIÓN Y A LA ENSEÑANZA Y SUS COMPOSICIONES SON TAN EXPRESIVAS QUE SE LE CONOCE COMO EL POETA DEL PIANO.

■ Nos vamos a acercar al piano de cola que está en medio de la sala y nos fijaremos en la parte exterior que es de color negro. ¿De qué material creéis que está hecho?

● De madera –respondió Dani.

■ Sí, exactamente. A continuación, iremos viendo todas las partes que componen el piano. Ahora abriré la tapa y miraremos en su interior –dijo el famoso pianista polaco.

PARA CONOCER
LAS PARTES
DEL PIANO:

● ¡Oh! –exclamaron asustados los dos. La verdad es que lo que no se esperaban ver era a un fauno, la criatura que habían visto alejarse antes. Estaba estirado dentro salu-dándolos y mirándolos con cara sonriente.

◆ ¡Esto ya es lo último! –exclamó Pe–. Tenemos que mirar el interior del piano y si estás tú no podemos. ¡Además nos has dado un buen susto!

Pan salió de dentro y se alejó con una carcajada...

● Realmente hay muchas cuerdas... –comentó Dani mientras se mordía los labios, ya que se le escapaba la risa, al igual que a Clara.

■ Por este motivo el piano está considerado un instrumento de cuerda –prosiguió Chopin muy serio, ya que no le había gustado nada ver a Pan dentro del piano.

■ Las **cuerdas** son de acero y al vibrar, originan el sonido. En las notas más graves sólo hay una cuerda por tecla, pero son más largas y gruesas. En las notas centrales del piano hay dos cuerdas y en las notas agudas tres, más cortas y delgadas. Es decir, la longitud de las cuerdas y su grosor decrece según tocamos las notas más agudas, pero en cambio aumenta la cantidad de cuerdas por tecla.

Las cuerdas se sujetan en el **clavijero** y están dentro de la caja de resonancia, que es la parte cerrada que sirve para amplificar el sonido.

■ A ver, vamos a mirar el teclado, ¿cuántas **teclas** tiene el piano? ¿Las queréis contar? –preguntó Chopin.

● ¡Sí! –exclamaron Clara y Dani al mismo tiempo–. Hemos contado 88 teclas entre las blancas y las negras –señaló Clara.

■ Efectivamente. Pero no siempre los pianos han tenido 88 teclas. Los primeros pianos, como los creados por Bartolomeo Cristofori tenían menos teclas, unas 54. Según fue evolucionando la música creada para el piano, la cantidad

EL PIANO EN PIEZAS

de teclas fue aumentando ya que los compositores necesitábamos usar más sonidos. Por ejemplo, el conocido músico Ludwig van Beethoven, cuando componía, buscaba crear nuevos efectos sonoros y maneras diferentes de tocar que animaban a los constructores a mejorar técnicamente el instrumento. Actualmente no hay pianos que tengan más de 88 teclas, salvo alguna excepción, porque si añadiéramos más teclas, el oído humano no podría distinguir bien estos sonidos, al ser demasiado graves o demasiado agudos.

■ Cuando pulsamos una tecla del piano, que por cierto están hechas de marfil artificial, se inicia un mecanismo que mueve una pequeña pieza llamada **martillo** que golpea la cuerda o cuerdas provocando el sonido. Cuando se suelta la tecla se activan los **apagadores** que son unas almohadillas de fieltro, que hacen que las cuerdas dejen de vibrar y cese el sonido.

■ Otra parte importante del piano es el **atril**, que es el soporte que hay encima del teclado y es donde colocamos la partitura cuando necesitamos leerla, ya que no siempre tocamos de memoria.

■ El piano de cola también tiene una **tapa superior** que se sostiene abierta por el **bastón** y posibilita que el sonido del piano salga con más volumen. Y por último podéis ver las **patas**, que sirven para sostener la caja de resonancia y los **pedales** –explicó Chopin.

● ¿Y para qué sirven los pedales? ¿Y por qué hay tres? –preguntó con mucha curiosidad Dani.

■ Los pedales son estas palancas que están en la parte inferior del piano y que sirven para enriquecer el sonido, para modificarlo. Los pianos de cola cuentan con tres pedales y cada uno tiene una función diferente:

■ El pedal celeste o una corda: Es el pedal situado más a la izquierda. Al pulsar este pedal, se desplazan los martillos hacia la derecha para que no golpeen las tres cuerdas. El resultado es que los sonidos suenan más débiles por lo que se utiliza para tocar muy flojito, en fragmentos musicales que se tienen que interpretar en *pianísimo*.

■ El pedal tonal: Es el pedal del centro. Mantiene durante un rato sonando sólo la nota que se ha tocado junto con este pedal. Se utiliza bastante poco y sólo para crear el efecto de mantener una nota o un acorde sonando mientras se continúan tocando otras teclas.

■ El pedal de resonancia *(sustain)*: Es el pedal situado a la derecha. Al tocarlo, levanta los apagadores para que todas las notas sigan sonando, aunque dejemos de presionar las teclas. Este pedal es el que se utiliza más y por ejemplo es imprescindible utilizarlo para tocar mis composiciones o las de mis contemporáneos como Franz Liszt, Félix Mendelssohn, Robert Schumann y todos los músicos posteriores.

Mientras Chopin les explicaba las funciones de los pedales les iba mostrando ejemplos tocando fragmentos de piezas en el piano.

■ Y bien, ¿tenéis alguna duda? –preguntó Chopin.

● Sí, mi hermano David, dice que el pedal del medio es una sordina que se utiliza para estudiar y no hacer ruido, para no molestar a los vecinos... –comentó Clara sonriendo.

■ Sí, es cierto. En los pianos verticales, que están considerados de estudio, cuando se pisa este pedal central, se activa una franja de fieltro que se interpone entre los martillos y las cuerdas, por lo que el sonido se reduce bastante, ya que el martillo pica en el fieltro y no en la cuerda directamente. Y sí, es útil sólo para estudiar ya que el sonido que produce no es nada bonito.

En aquel preciso momento el piano de cola empezó a encogerse hasta convertirse en un piano del tamaño de una guitarra... Y acto seguido se desmontó en bastantes piezas, como si de un puzle 3D desmontado se tratase.

Dani y Clara estaban boquiabiertos y Pe, viendo que no reaccionaban dijo:

◆ Esta es la siguiente prueba. Tenéis que montar el piano.

● ¡Suerte que las piezas no son muy pequeñas! –murmuró Dani.

Se pusieron a trabajar los dos juntos recordando lo que habían aprendido, cuando de pronto empezó a moverse el suelo con un gran estruendo, parecía un terremoto. Las piezas del piano se estaban dispersando por la sala y era muy difícil concentrase. Al levantar la vista del suelo, observaron que se acercaba caminando un gigante de grandes alas, Astreo. Ellos no se dejaron intimidar y empezaron a reunir las piezas, montando las patas, los pedales, la tabla armónica, el teclado (suerte que todas las teclas estaban juntas formando una sola pieza, estaba susurrando Clara), las cuerdas, los martillos y apagadores (suerte que los martillos, apagadores y las demás partes del mecanismo también estaban juntas en una pieza, decía Dani) y por último sólo les faltaba colocar el bastón, la tapa superior y el atril.

Al ir a recoger el atril, Dani pisó un bastón, pero no el bastón del piano... y resbaló cayendo de una forma tan ridícula que todos empezaron a reír a carcajadas. Hasta Dani, que por suerte no se había hecho daño y que estaba rojo como un tomate, no podía levantarse de la risa y de la vergüenza.

Algún bromista había colocado un bastón de pastor en el suelo cerca de las piezas… Estaba claro que Pan continuaba haciendo bromitas para molestar… y Astreo pretendía desconcentrarlos con su presencia.

◆ Pan, ¿puedes llevarte tu bastón de pastor y traernos el bastón del piano? Si no, va a ser difícil que puedan montarlo… Y Astreo… intenta no despistarles –pidió Pe.

En unos segundos apareció Pan, les cambió su bastón por el correcto y ambos, Pan y Astreo, se esfumaron.

Continuaron montado el piano, ahora con más calma y en el momento que Dani colocó la última pieza, el piano empezó a agrandarse hasta tener su tamaño real. Entonces, Chopin, para comprobar que funcionara bien, se sentó a interpretar una de sus piezas más conocidas, el «Nocturno» op.9 nº2 mientras Clara, Dani y Pe se sentaban para recuperarse de las emociones de estos últimos minutos sabiendo que habían superado la prueba.

UN **NOCTURNO** ES UNA PIEZA MUSICAL EXPRESIVA Y TRANQUILA QUE TIENE UNA MELODÍA DULCE Y UNA FORMA LIBRE, ES DECIR, QUE NO SIGUE NINGUNA ESTRUCTURA.

Después les felicitó, les deseó buena suerte y se dirigió silenciosamente hacia el cuadro desapareciendo dentro de él.

4

Las teclas negras del piano: ¡vamos a tocar!

● ¡No ha salido volando en el banco del piano! –dijo Clara–. A lo mejor el banco ya no es mágico... –añadió tocándolo y sentándose en él.

● ¡Y no sabemos la segunda nota del código! –dijo preocupado Dani.

● Es verdad –respondió Clara.

Entonces Pe, se acercó al piano y en una esquina del teclado vio una nota doblada varias veces. Al abrirla leyó:

«La segunda nota musical del código es el MI. Continuad la visita, id a la sala contigua».

◆ Seguidme –dijo Pe aliviada.

Los tres se dirigieron a la siguiente sala, en la que había diferentes instrumentos. Uno de ellos era un piano vertical de color negro, y encima del piano había un libro de partituras. El título del libro era: *Clara Schumann complete piano works*.

Pe pasó la primera página del libro y se quedó mirando la foto de la compositora de las piezas. Era una chica morena con el pelo recogido que estaba tocando el piano. Al mirar mejor la foto se dieron cuenta de que la imagen se empezaba a mover y les hablaba:

■ Hola, soy Clara Schumann, compositora, pianista y profesora. Conozco vuestros nombres, ya que hace un rato que estáis por aquí. ¿Estáis preparados para aprender a tocar el piano? Pues esperadme que salga de aquí dentro...

Como por arte de magia se proyectó una luz desde el libro y Clara Schumann salió del él como un holograma, después se transformó en una persona de carne y hueso y continuó hablando como si nada:

CLARA SCHUMANN NACIÓ EN LEIPZIG EN 1819 Y MURIÓ EN FRANKFURT EN 1896. FUE UNA NIÑA PRODIGIO, SU PADRE, QUE ERA PROFESOR DE PIANO, FUE SU PRIMER MAESTRO. FUE UNA GRAN PIANISTA, COMPOSITORA Y PROFESORA ALEMANA QUE SE CASÓ CON EL TAMBIÉN COMPOSITOR ROBERT SCHUMANN. PERTENECE A LA ÉPOCA DEL ROMANTICISMO, AL IGUAL QUE CHOPIN.

■ Para poder obtener la siguiente nota musical del código que hará que todo vuelva a la normalidad tenemos que seguir adelante. Yo os voy a enseñar cómo sentaros al piano, cómo colocar el cuerpo y las manos y empezaréis a tocar algunas canciones con las teclas negras. ¿Os parece bien?

Los dos asintieron con la cabeza, pues les motivaba mucho poder empezar a tocar por fin.

Posición del cuerpo y de las manos

■ En primer lugar, situaremos la banqueta en el centro del teclado y perpendicular a él. Nos sentaremos en la mitad delantera de la superficie de la banqueta relajando las piernas y descansando los dos pies en el suelo desde el talón hasta la punta. Mantendremos el peso equilibrado sobre la banqueta y relajaremos los hombros y los brazos mientras mantenemos la espalda recta –explicó Clara Schumann–. ¿Quién quiere sentarse primero? –preguntó.

● Yo –contestó decidido Dani–. ¿Y cuando me siente voy a salir volando? –preguntó.

■ Ahora no, ya veremos más adelante si superáis la prueba –respondió riendo Clara Schumann–. Debes ajustar la altura de la banqueta, es muy importante –prosiguió la compositora–. Es difícil tocar con las muñecas y los codos colocados mucho más abajo o mucho más arriba que el teclado. Por esto, vamos a bajar la banqueta girando estas piezas que están en ambos lados para que tus codos estén casi al mismo nivel que el teclado.

■ Ahora hará lo mismo Clara con aquella banqueta de allí –dijo Clara Schumann, señalando la banqueta que estaba en un extremo de la sala.

Cuando Clara se fue a sentar, la banqueta se desplazó, con lo que casi acaba en el suelo, hecho que a Dani le hizo mucha gracia, y a ella no tanta.

◆ Uf, veo que el bromista continúa por aquí... Id con cuidado–. Les advirtió Pe y dejó proseguir a Clara Schumann.

■ Una vez que estamos cómodos y bien colocados ponemos las manos en el teclado intentando poner un dedo en cada tecla y mantener los dedos de la mano redondos, como si dentro de la mano hubiese una pelota de tenis de mesa o ping-pong.

■ Clara, veo que pones las manos en el piano muy bien, que no pones los dedos estirados. Es como si ya supieras cómo hacerlo –dijo Clara Schumann.

● Sí, en mi casa tengo un piano porque mi hermano David está estudiando este instrumento y a veces me enseña a tocar un poco. Yo estoy aprendiendo a tocar el saxofón, pero el piano también me gusta mucho –indicó la joven.

Pe, que hasta ahora había estado escuchando todas las explicaciones con mucha atención, se giró pensativa y le vinieron unas imágenes a la memoria pero desaparecieron rápidamente, no pudiendo recordar nada más.

Digitación

■ Cuando tocamos el piano cada dedo tiene un número asociado. De esta manera siempre sabemos con qué dedo tenemos que tocar cada tecla. Parece que esto no sea importante, pero a la hora de memorizar, de tocar con rapidez y sin cometer errores, tocar cada tecla con el dedo correcto es imprescindible –les explicó Clara Schumann. Y añadió–:

■ Al pulgar de cada mano lo llamaremos dedo 1, al índice dedo 2, al corazón dedo 3, al anular 4 y al meñique el 5. Ahora, para comprobar vuestros reflejos haremos un juego. Yo diré un número y vosotros tendréis que tocar rápidamente cualquier nota con el dedo al que le corresponde el número que he dicho.

Y de este modo estuvieron jugando un rato. Algunas veces era más rápida Clara y otras Dani, y a menudo se equivocaban por querer tocar demasiado rápido y sin pensar.

Después de este juego, Clara Schumann les propuso tocar todas las teclas negras por orden, con el dedo que quisieran, empezando desde las más graves hasta las más agudas y después al revés y les preguntó si veían un patrón o una serie en la manera en que las teclas negras estaban ordenadas.

Dani respondió rápidamente:

● Las teclas negras están ordenadas en grupos de dos y en grupos de tres y se van alternando:

● Pero, hay una tecla negra, la más grave, que está sola, supongo que es porque, como nos explicó Chopin, el oído humano no puede reconocer sonidos más graves que este –prosiguió Dani.

■ ¡Así es, fantástico! –exclamó Clara Schumann–. Ahora haremos otro juego más. Tenéis que ir tocando los grupos de dos teclas negras, saltando de grupo en grupo, pero utilizando los dedos 2 y 3 solamente. Primero con una mano y después con la otra.

Viendo que Clara y Dani hacían correctamente este ejercicio, Clara Schumann les dijo:

■ A continuación, tocaréis los grupos de tres teclas negras, saltando igual que en el ejercicio anterior, utilizando los dedos 2, 3 y 4 consecutivamente.

■ ¡Muy bien! –les felicitó efusivamente Clara Schumann.

● Me gustaría poder tocar una canción inventada, ¿sería posible? –le pidió Dani.

■ ¡Claro que sí! Es muy importante improvisar y buscar nuevas melodías. Con una condición: para esta improvisación solamente podrás tocar las teclas negras, pero podrás utilizar los dedos que quieras –respondió la pianista.

Sin pensarlo dos veces Dani empezó a tocar una melodía, primero tocando flojo (o *piano*) y después más fuerte (o *forte*), tocando una nota, luego dos, primero con una mano, después con las dos. Fue probando e investigando hasta que finalizó la improvisación tocando una nota muy larga.

■ Y bien, aunque nos estamos divirtiendo mucho, hemos llegado al fin de mi clase.

■ ¿Podrías Pe, ir a buscar entre todas estas partituras que están dentro de aquella vitrina un sobre? –preguntó Pan, apareciendo de sopetón entre Clara y Dani. Y provocando que del susto se cayeran los dos al suelo.

◆ Podrías ir a buscarlo tú, en lugar de darnos estos sustos –dijo Pe.

Cuando Pan abrió la vitrina a regañadientes, se iniciaron unos vientos huracanados que hicieron volar por toda la sala el contenido de la vitrina: los libros, las partituras y, lógicamente, el sobre que andaban buscando. Estos objetos no paraban de dar vueltas por la sala a toda velocidad, parecían pájaros. Clara, Dani, Pan, Clara Schumann y Pe se abrazaban al piano, mientras el fuerte viento les despeinaba y les amenazaba con hacerlos volar por los aires también.

Como el viento no cesaba, Pan y Pe ordenaron contundentemente a Astreo que lo detuviera, ya que estaba impidiendo que se realizara la tercera prueba. Él, viéndolos tan enfadados decidió acatar la orden e irse de la sala. Tan pronto como el viento fue cesando, el sobre se metió entre las páginas del libro de partituras de Clara Schumann.

Una vez localizado, después de colocarse bien el pelo y la ropa, Pe lo abrió y extrajo la imagen de unas teclas de piano con unos números en dos colores. El amarillo correspondía a los dedos de la mano derecha y el azul a los de la mano izquierda.

LA MAÑANA DE E. GRIEG

Mano izquierda   Mano derecha

TOCA LAS TECLAS QUE INDICAN LOS NÚMEROS CON EL DEDO CORRECTO
2 2 3 4 3 2   2 2 3 4 3 2   2 2 2 3 2 3   2 2 3 4

ES UNA COM-POSICIÓN QUE PERTENECE A LA PIEZA **PEER GYNT** ESCRITA POR EL COMPOSITOR NORUEGO **EDVARD GRIEG** QUE DESCRIBE LA SALIDA DEL SOL.

◆ Tenéis que tocar esta canción que se basa sólo en cinco teclas negras. Cada una tiene un número que corresponde al dedo que debe tocar la tecla y el orden de las teclas a tocar está debajo –aclaró Pe.

Pasados unos minutos, Clara empezó a tocar la canción y después lo hizo Dani. Como ya conocían la melodía «La mañana de Edvard Grieg» no les costó practicarla al piano.

Después de tocar correctamente la melodía, Pan desapareció, Clara Schumann les felicitó y se sentó al piano para despedirse de la mejor manera que podía hacerlo, con una de sus composiciones para piano: la «Romanza» n°1 op.11.

Cuando Clara Schumann hubo finalizado la pieza, una luz la iluminó y la devolvió al libro del que había salido y Clara y Dani, que estaban sentados en sus banquetas, empezaron a volar por la sala mientras de emoción chillaban y reían sin parar. Cuando las banquetas volvieron a su sitio, Dani dijo:

LA ROMANZA ES UNA FORMA MUSICAL EN LA QUE DESTACA UNA MELODÍA ACOMPAÑADA. ES UNA PIEZA EXPRESIVA.

- ¡Me ha encantado el vuelo en banqueta! ¡Me gustaría repetir!

- ¡A mí también! –pidió Clara.

◆ Ahora no... Tenemos que buscar la tercera nota musical del código –afirmó Pe.

- ¿Y si miramos dentro del libro de piezas de Clara Schumann? –sugirió Clara, mientras respiraba profundamente para recuperarse de la emoción del vuelo.

◆ Pues me parece una genial idea –afirmó Pe.

EL **DIAPASÓN** ES UN OBJETO METÁLICO CON FORMA DE ORQUILLA QUE CUANDO SE GOLPEA SUAVEMENTE VIBRA Y EMITE EL SONIDO DE LA NOTA LA CON UNA FRECUENCIA DE 440 HERCIOS (HZ). SIRVE PARA AFINAR LOS INSTRUMENTOS MUSICALES.

Dentro del libro había una hoja de papel doblada y junto a ella un diapasón. El mensaje era el siguiente:

«La tercera nota musical del código es el FA. Buscad la sala escondida. El diapasón os guiará».

5

Las teclas blancas: tocamos con la mano derecha

El diapasón empezó a moverse, y salió volando hacia otra sala. Lo siguieron y una vez dentro de la sala vieron que un poco escondida, al final de ésta, en la penumbra, había una estancia y se dirigieron hacia allí. Dentro, sólo había una gran pantalla y una tarima de director de orquesta situada delante de ella. Dani no tardó ni dos segundos en ponerse encima de la tarima y coger la batuta. Asombrosamente, la pantalla se encendió y apareció la imagen de una orquesta. Dani hizo la broma de imitar a un director y para sorpresa de los tres, la orquesta empezó a tocar el «Concierto nº2 para piano y orquesta» de Serguei Rachmaninov.

UN CONCIERTO PARA PIANO Y ORQUESTA ES UNA PIEZA MUSICAL COMPUESTA PARA PIANO CON ACOMPAÑAMIENTO ORQUESTAL. NORMALMENTE ESTÁ FORMADO POR 3 MOVIMIENTOS O PIEZAS MUSICALES. EL PRIMERO SUELE SER RÁPIDO, EL SEGUNDO LENTO Y EL TERCERO RÁPIDO.

Si Dani movía los brazos más despacio la orquesta tocaba más lento y si los movía más de prisa, tocaba más rápido. Se lo estaba pasando genial y claro está, Clara también quiso probarlo.

◆ Chicos, ya sé que es muy divertido, pero ahora debemos… –interrumpió Pe.

En aquel momento el pianista se levantó, Pe dejó de hablar, Clara paró de mover los brazos, la orquesta cesó de tocar… y el pianista se fue acercando a la pantalla para salir de ella.

■ Hola, Clara, Dani y Pe. Soy Serguei Rachmaninov y como habéis visto soy pianista. Mi objetivo ahora mismo será enseñaros a tocar una melodía con la mano derecha, por lo que vamos a volver a la sala anterior donde está el piano.

SERGUEI RACHMANINOV
NACIÓ EN RUSIA EN 1873 Y MURIÓ EN ESTADOS UNIDOS EN1943. NACIDO EN UNA FAMÍLIA DE MÚSICOS, EMPEZÓ A TOCAR EL PIANO CON 4 AÑOS. PASÓ GRAN PARTE DE SU VIDA EN ESTADOS UNIDOS POR LO QUE SU NACIONALIDAD TAMBIÉN ERA ESTADOUNIDENSE. FUE UN INFLUYENTE COMPOSITOR, DIRECTOR DE ORQUESTA Y PIANISTA, Y FUE MUY RECONOCIDO POR SU TALENTO EN TRANSMITIR EMOCIONES EN CADA NOTA QUE TOCABA O COMPONÍA. COMO CURIOSIDAD, TENÍA UNAS MANOS TAN GRANDES QUE PODÍAN ABARCAR TRECE TECLAS CADA UNA.

Leemos las notas musicales en la clave de sol

■ ¿Conocéis el nombre de las notas musicales? ¿Sabéis dónde se colocan en el pentagrama? ¿Sabéis que el pentagrama es este conjunto de 5 líneas y 4 espacios donde se colocan las notas? –preguntó Serguei.

● El nombre de las notas sí que las conocemos. Son: do, re, mi, fa, sol, la y si –respondió Clara.

● Pero no recuerdo dónde se escriben en el pentagrama –añadió Dani.

■ Para poder leer las notas del pentagrama primero debemos fijarnos en el símbolo que aparece siempre al principio de éste. Este símbolo es la clave y sirve de referencia para leer las notas –comentó el compositor. Y añadió:

■ La clave de sol se coloca en la segunda línea del pentagrama y será en esta línea dónde estará la nota sol. A partir de esta nota se colocarán las demás en las líneas y en los espacios.

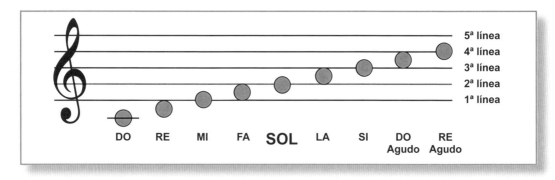

Las notas musicales en el teclado

● ¿Y dónde están estas notas en el piano? –preguntó Dani.

■ Vamos a empezar por encontrar el do. Te doy una pista: tienes que localizar un grupo de dos teclas negras, y el do es la tecla blanca que está antes de la primera de las dos teclas negras –dijo Serguei.

JUEGO PARA ENCONTRAR LAS NOTAS EN EL PIANO:

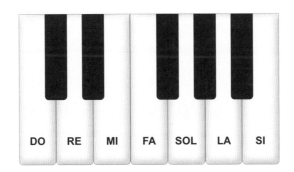

● Ya lo he encontrado –indicó entusiasmado Dani.

● Sí, es esta tecla. Y en el piano hay más notas do… acabo de contar 8 teclas do –añadió Clara, mostrándolas en el teclado.

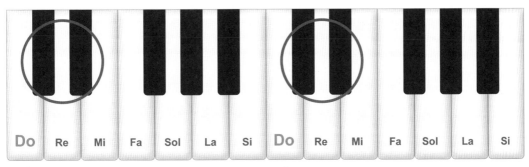

■ ¡Genial! Vamos a jugar un rato. Yo os diré una nota y la tendréis que encontrar y tocar en el piano.

Después de localizar las notas, Clara preguntó:

● ¿Verdad que las notas negras también corresponden a sonidos y tienen nombre?

■ Sí, entre el do y el re hay un sonido intermedio que es la tecla negra do sostenido o el re bemol, entre el re y el mi, está la tecla negra re sostenido o re bemol, entre el fa y el sol, el sol sostenido o el la bemol, entre el sol y el la, el sol sostenido o el la bemol y por último entre el la y el si, el la sostenido o el si bemol. La distancia entre cada una de estas notas, sean blancas o negras es de un semitono (es la distancia más pequeña entre dos notas).

El **sostenido** es un símbolo musical que se coloca delante de una nota y sirve para subir la altura del sonido un semitono.

♭ El **bemol** es un símbolo musical que se coloca delante de una nota y sirve para bajar la altura del sonido un semitono.

● ¿Y por qué no hay una tecla negra entre el mi y el fa y entre el si y el do? –preguntó Dani.

● ¡Lo sé! Porque entre el mi y el fa y entre el si y el do hay un semitono y no se puede añadir otra tecla en medio, porque ya hay la distancia más pequeña entre estas dos notas –respondió Clara.

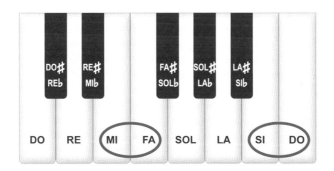

El ritmo: la redonda, la blanca, la negra y los silencios.

■ Ahora que sabéis a qué nota musical corresponde cada tecla del piano, y dónde se escriben las notas en el pentagrama, ya podemos concentrarnos en otro aspecto importante de la música, que es la duración de las notas –explicó Rachmaninoff.

En aquel instante, vieron que se acercaba Pan bailando y tocando con la flauta la canción «La cucaracha»… La cuestión era distraerlos, pero la verdad es que tocaba muy bien.

Pe ya no sabía si enfadarse o reírse, y optó por la última opción. A veces, es importante no tomarse las cosas demasiado en serio.

■ Bueno, vamos a proseguir… –continuó Serguei cuando Pan ya se había ido.

■ Tocaremos la nota do haciendo el ritmo de redonda. La redonda dura cuatro pulsaciones o tiempos, por lo que mantendremos el do presionado durante cuatro segundos. El silencio de redonda, que es este símbolo rectangular que cuelga de la cuarta línea, indica que estaremos sin tocar, es decir, en silencio, durante cuatro segundos también.

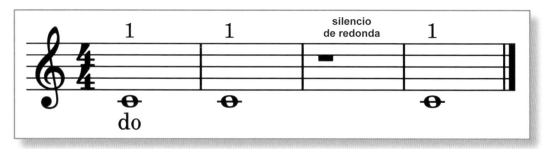

● ¿Y el número 1 indica que tenemos que tocar la tecla de la nota do con el dedo 1? ¿Y cuál do? ¿Puedo tocar el do más grave del piano? –preguntó Dani.

■ Sí, se tiene que tocar la nota do con el dedo 1 o pulgar de la mano derecha. El do que aparece en la partitura es el do central del teclado. Las demás notas do del teclado se escriben en otros lugares del pentagrama e incluso utilizando otras claves que existen aparte de la clave de sol.

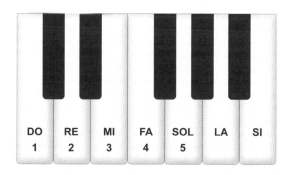

■ Perfecto. Ahora tocaremos la nota re y la nota mi con los dedos 2 y 3 de la mano derecha, dedos índice y corazón, y practicaremos el ritmo de blanca –continuó explicando Serguei.

■ La blanca es la figura musical que dura dos tiempos o pulsaciones. Por lo tanto, cuando tocamos una blanca tenemos que mantener el sonido o la tecla presionada durante dos pulsaciones. Vamos a tocar esta partitura en la que aparece este ritmo. Fijaos que el silencio de blanca es este rectángulo que se coloca justo encima de la tercera línea y que indica que debemos estar dos tiempos en silencio:

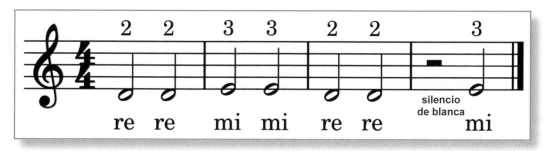

■ Y ahora, para finalizar, sólo nos faltará tocar las notas fa y sol con los dedos 4 y 5, dedos anular y meñique y veremos la figura musical que se llama negra.

■ La negra y su silencio duran una pulsación o tiempo. Para tocar el ritmo de negras nos podemos imaginar el sonido

del tic-tac de un reloj. Tocaremos una negra para cada sonido del reloj. Vamos a practicarlo con esta partitura:

● Me cuesta mucho tocar con los dedos 4 y 5 –dijo Dani con cara de esfuerzo.

● Y a mí también –añadió Clara.

■ Es muy normal. Estos dedos son los que cuestan más. Por lo tanto, los pianistas tienen que practicar mucho para tocar con todos los dedos con igual fuerza, agilidad y de forma relajada, evitando tensiones innecesarias en la mano. Todo es cuestión de práctica y horas de estudio.

Siguieron practicando un poco más inventando melodías con la mano derecha con las notas do, re, mi, fa y sol, hasta que el diapasón, que había estado inmóvil todo este tiempo encima del piano, empezó sonar y a volar otra vez por la sala, parándose delante de una vitrina llena de partituras y libros de piano.

Pe, cuando se levantó para ir hacia la vitrina, escuchó muchos balidos de ovejas y al mirar hacia la puerta de la sala vio entrar a todo un rebaño. ¿Qué estaba pasando? ¿Qué hacían todas esas ovejas en el museo?

Detrás de ellas apareció Pan con el bastón y Pe le dijo:

◆ ¿Qué estás haciendo aquí con estas ovejas?

■ Soy el dios de los rebaños y de los pastores, ¿lo recuerdas? –dijo Pan.

◆ Ya lo sé, pero este no es un lugar apropiado para traer a tus ovejas, creo –respondió Pe.

■ Sólo es una pista para la próxima prueba… ahora me las llevo… –respondió Pan burlón.

En este momento apareció un enorme caballo asustando a todas las ovejas, que empezaron a dispersarse agitadas por todos lados. El caballo era Astreo, no había duda, ya que tenía el poder de adoptar la forma de este animal.

◆ Astreo, ¿por qué apareces en forma de caballo ahora? –preguntó Pe.

■ Pues si Pan puede traerse a sus ovejas yo también puedo aparecer como un caballo, ¿no?

◆ Parecéis niños pequeños. Dejadnos trabajar. –Se quejó Pe.

Cuando el rebaño, Astreo y Pan se hubieron marchado, Pe se acercó, abrió la puerta de la vitrina y el diapasón le indicó que hojeara un libro de iniciación al piano. Pe fue pasando las páginas hasta que el diapasón le marcó una partitura.

Estaba claro que empezaba la cuarta prueba: tenían que demostrar que podían tocar la melodía «Mary Had a Little Lamb » o «María tenía un cordero» con la mano derecha y utilizando los dedos correctos.

Mary Had a Little Lamb

Esta canción se puede dividir en dos frases o fragmentos. La línea que está encima de las notas (ligadura de fraseo) indica dónde empieza y acaba cada una. Os sugiero que os dividáis el trabajo y que toquéis una frase cada uno –les aconsejó Pe.

Después de practicar, consideraron que ya estaban preparados para poder interpretar correctamente la canción, y así lo hicieron.

Seguidamente, el diapasón empezó a volar otra vez guiándolos hasta la otra sala. Se encendió la gran pantalla en la que había estado sonando la orquesta anteriormente y Serguei desapareció, no sin antes felicitarles por su atención e interés. A continuación, en la pantalla se configuró el siguiente mensaje:

«La cuarta nota musical del código es la nota SOL. Seguid al metrónomo. Él os conducirá a la siguiente sala para poder continuar con las pruebas».

6

Las teclas blancas: tocamos con la mano izquierda

● ¿Qué es un metrónomo? –preguntó Dani.

◆ Es un aparato que sirve para ayudar a mantener una pulsación estable cuando se toca un instrumento, y que facilita que varios músicos toquen juntos a la misma velocidad, ya que marca las pulsaciones, como el tic-tac de un reloj, y puede marcarlas más rápido o más lento –explicó Pe.

● ¡Mirad, por allí viene un metrónomo saltando! –alertó Clara.

● Tenemos que seguirle –añadió Dani.

◆ ¡Fijaos que va saltando siempre a la misma velocidad y se dirige a aquella sala de allí! –dijo Pe.

Una vez dentro de la sala, el metrónomo se paró delante del busto del pianista Bill Evans.

El sonido del metrónomo estaba despertando al músico. Una luz se estaba proyectando sobre su cabeza, estirándola como un chicle y dando forma al resto del cuerpo.

■ Hola Dani, Clara y Pe. Soy Bill Evans y vengo a enseñaros a tocar el piano con la mano izquierda. Vamos a empezar.

Leemos las notas musicales en la clave de fa

■ Normalmente, cuando tocamos con la mano izquierda, interpretamos los sonidos más graves del piano. Estos sonidos se escriben en el pentagrama en clave de fa. Esta clave también se coloca al principio del pentagrama e indica donde está la nota fa y a partir de esta nota se colocan y se leen las demás.

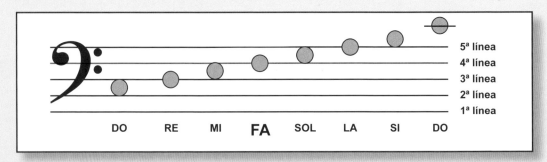

■ Primero colocaremos la mano izquierda sobre el teclado, situando el dedo 1 o pulgar encima del do. Si ponemos un dedo en cada tecla, las notas que podremos tocar son el do, el si, el la, el sol y el fa.

■ Vamos a empezar tocando las notas do y si con el dedo 1 y 2 (pulgar e índice) de la mano izquierda siguiendo esta partitura en clave de fa:

74

Practicaron varias veces, contando bien los tiempos de las blancas, de las negras y de la redonda del final. Parecía fácil, pero tocar con la mano izquierda, estar pendiente de los dedos y de interpretar las notas y el ritmo correctamente no lo era tanto.

Después practicaron otra partitura que contenía las notas la, sol y fa, tocando con los dedos 3, 4 y 5 de la mano izquierda, que aún era más difícil.

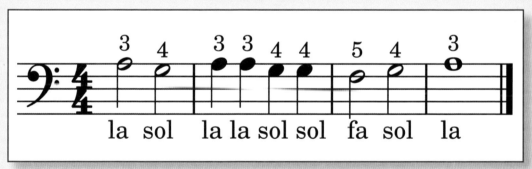

Legato y staccato

Entonces, el pianista añadió:

■ Llegados a este punto, en el que ya sabéis leer estas notas de la clave de fa y tocarlas con la mano izquierda, manteniendo los dedos curvados, un dedo encima de cada tecla y contando bien los tiempos que dura cada redonda, blanca y negra, nos vamos a fijar en cómo encadenamos estos sonidos. Podemos tocar de dos formas:

Staccato, que es cuando tocamos las teclas y enseguida las soltamos, de forma que entre un sonido y el siguiente creamos un pequeño silencio. Al tocar staccato tenemos la sensación de ir saltando o rebotando de una tecla a la otra, y en la partitura se indica con un punto encima de la cabeza de la nota:

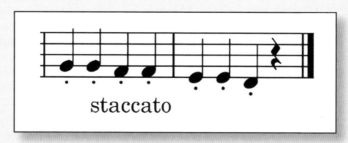

staccato

Legato, que es cuando tocamos una tecla y no la soltamos hasta que no hemos bajado la tecla siguiente, de manera que los sonidos quedan unidos (no solapados). En la partitura se indica con una línea o ligadura de expresión que une varias notas de diferente sonido o nombre:

Legato

Después de escuchar esta explicación, pusieron en práctica estos conocimientos inventando melodías en legato y staccato con la mano izquierda, ya que para tocar cualquier instrumento es imprescindible practicar lo aprendido.

Mientras estaban inmersos en tocar el piano, empezó a bajar del techo un atril. Iba dando vueltas como un helicóptero, levantando un poco de aire, haciendo volar las partituras que habían estado practicando, hasta situarse al lado del piano.

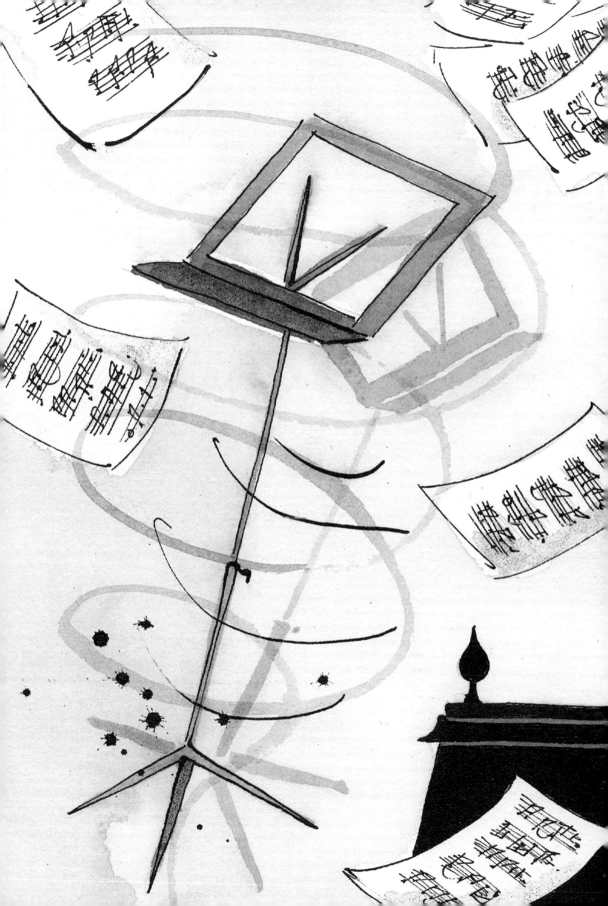

En el atril se hallaba la partitura de piano de la canción popular americana «Old MacDonald Had a Farm» o «En la granja de Pepito» escrita en dos pentagramas. El superior en clave de sol para la mano derecha y el inferior en clave de fa para la mano izquierda.

◆ Esta es la quinta prueba. Tenéis que tocar la parte de la clave de fa con la mano izquierda. Bill puede tocar la parte de la mano derecha. Id a practicar sin perder tiempo –dijo Pe.

Mientras estaban practicando vieron llegar a Pan tocando una flauta. Estaba tocando la pieza «Preludio a la siesta de un fauno» de Claude Debussy. Era una melodía muy bonita y muy bien interpretada que los dejó a todos hipnotizados. Pararon de practicar para poder escucharlo y Bill de pronto comentó:

■ Pan, ¿vamos a improvisar sobre este tema?–. Y acto seguido, los dos empezaron a tocar. Era impresionante escucharlos y ver lo bien que lo estaban pasando.

Después de estos momentos de música, oyeron y vieron aparecer una ola gigantesca que se acercaba desde la puerta de entrada del museo. Si no la paraban, se echaría encima de ellos, estropearía los instrumentos y no podrían realizar la quinta prueba. Que se echaran a perder los instrumentos... esto Pe, no lo podía permitir.

Sorprendiendo a Clara y Dani, empezó a tocar la flauta maravillosamente bien, para encantar a Astreo y obligarlo a detener la inmensa cantidad de agua que se iba aproximando.

En el último momento Pe lo consiguió y todos gritaron de emoción.

● ¡Ha sido increíble, Pe! No sabíamos que tocabas tan bien la flauta. ¡Parecías el flautista de Hamelín, encantando a Astreo y controlando el agua! –exclamó Dani.

■ Toca casi tan bien como yo... –comentó Pan, desatando la risa de todos, ya que no se esperaban su comentario.

Cuando pararon de reír, Clara preguntó incrédula:

● Pe, me parece que no eres una guía normal... esto que acabas de hacer es sobrenatural... no tengo palabras. ¿Quién eres en realidad?

◆ Ahora no hay tiempo, luego ya os explicaré. Tenéis que practicar para superar esta prueba –les apremió Pe.

■ Veo que ya estáis preparados. Vamos a tocar la canción –señaló Bill, que había estado en silencio mientras practicaban.

Una vez interpretada correctamente la canción, el metrónomo empezó a sonar de una manera muy rara.

● Creo que nos quiere decir algo –dijo Dani.

● Parece el código morse. Está utilizando sonidos cortos y lagos... –añadió Clara.

◆ ¡Sí, tienes razón Clara! Cada combinación de sonidos corresponde a una letra. Yo os puedo ayudar. Sé cómo descifrar este código. Id apuntando –pidió Pe.

En un papel fueron anotando las siguientes letras hasta descifrar el siguiente mensaje:

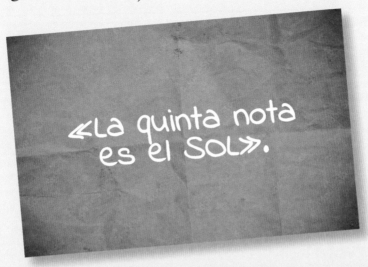

«La quinta nota es el SOL».

Todos aplaudieron de alegría, Bill Evans les felicitó, les deseó mucha suerte y se despidió de los tres para desaparecer y convertirse otra vez en el busto que estaba expuesto en el museo.

7

Tocamos con las dos manos

Mientras observaban cómo Bill se transformaba, oyeron una música lejana que provenía de la primera sala en la que habían estado, allí donde Dani y Clara habían tocado la tecla del piano de cola que había originado toda la magia del museo.

Se dirigieron hacia allí, seguidos por el diapasón, el metrónomo y el atril, que habían decidido acompañarlos en la aventura, y vieron que sentada en el piano había una mujer. Estaba interpretando maravillosamente bien una pieza musical.

Al lado del piano había un panel con un texto que explicaba que había sido tocado en diversos recitales por la pianista reconocida internacionalmente Alicia de Larrocha y también se apreciaba el espacio, ahora vacío, en el que debía estar su fotografía.

Cuando acabó el recital, la mujer se dirigió a Clara, Dani y Pe mientras la estaban aplaudiendo fuertemente:

■ Gracias. Soy Alicia de Larrocha y estaba interpretando la pieza «Triana» perteneciente a la suite *Iberia* de Isaac Albéniz.

Y prosiguió:

■ Sé que estáis llegando al final de esta hazaña y os voy a ayudar para que salgáis victoriosos de ella, por lo que vamos a proseguir con las lecciones de piano. Ahora recuperaremos la canción «Old Mac-Donald Had a Farm»

ALICIA DE LARROCHA NACIÓ EN BARCELONA EN 1923 Y MURIÓ EN BARCELONA EL 2009. FUE UNA NIÑA PRODIGIO Y LLEGÓ A SER CONSIDERADA UNA DE LAS MAYORES PIANISTAS DEL SIGLO XX, ESPECIALMENTE DE COMPOSICIONES DE MOZART Y DE REPERTORIO ESPAÑOL.

que habéis tocado con la mano izquierda y la practicaremos también con la mano derecha. Empezaremos tocando sólo cuatro compases.

Alternamos las dos manos

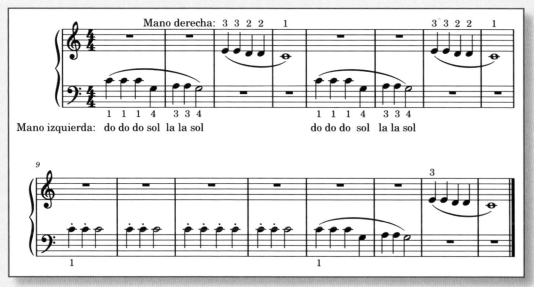

● Los compases son los espacios que hay entre las líneas divisorias, ¿verdad? preguntó Clara.

■ Sí, exactamente. Esta canción tiene 16 compases y cada compás tiene 4 tiempos porque lo indica el símbolo 4/4 que está después de la clave –respondió Alicia.

● Pero en algunos compases hay 4 notas, en algunos 3, y en otros hay una sola. No siempre hay 4 notas, no lo entiendo... –comentó Dani.

■ Es verdad. Pero si os fijáis bien, si sumáis los tiempos que vale cada nota, veréis que en cada compás el resultado de la suma es de 4 tiempos.

● Ahora lo comprendo... –exclamó Dani.

Después de esta aclaración, se pusieron a practicar. Los dos cometían errores, por lo que Alicia los animó explicando que equivocarse es normal y necesario para aprender y que sólo con la práctica se van obteniendo resultados cada vez mejores...

Las dos manos a la vez

Después de practicar durante un buen tiempo esta canción, Alicia les propuso tocar con las dos manos juntas la canción «Mary Had a Little Lamb» que ya habían tocado con la mano derecha en la cuarta prueba.

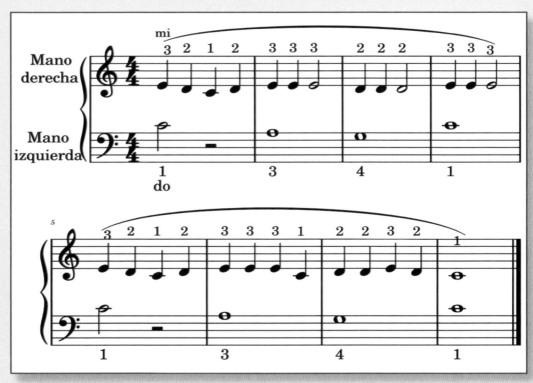

■ Para tocar con las dos manos primero tenemos que practicar con una mano sola y después con la otra. Cuando podáis tocar con seguridad con las dos manos por separado, pasaremos a tocar con ambas a la vez. Iremos muy despacio, tocaremos al mismo tiempo la nota mi del primer compás con la mano derecha y la nota do de la mano izquierda. Esta nota do durará dos tiempos.

■ Después tocaremos el segundo compás, la nota mi con la mano derecha y la nota la con la mano izquierda. En este caso la nota la durará cuatro tiempos y por lo tanto, tendremos que tener presionada la tecla la todo el compás mientras la mano derecha toca las 3 notas mi y la nota do del compás.

● Es un poco difícil –dijeron Clara y Dani, aunque no se cansaban de practicar...

De golpe, Pan entró en la sala. Todos lo miraron sorprendidos, pero no dijeron nada y esperaron a ver qué sucedía.

■ Os traigo la última prueba. Acto seguido extendió la mano y cayó del techo una partitura.

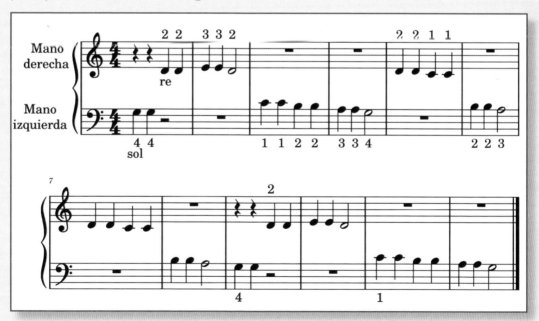

■ Se trata del tema «Estrellita dónde estás». Es el tema de las variaciones que ha tocado Nannerl hace un rato. ¿Os acordáis? Tendréis que tocarla con las dos manos –añadió Pan muy serio tocando la canción con la flauta.

Clara y Dani asintieron con la cabeza.

◆ Pues ya podéis empezar a practicarla. Estáis a un paso de superar todas las pruebas y sabemos que estáis suficientemente preparados para superarla con éxito. ¡Ánimo chicos! –exclamó Pe.

Después de practicar interpretaron la canción correctamente y con tal seguridad que hasta Pan se quedó sorprendido. Les aplaudió y dijo:

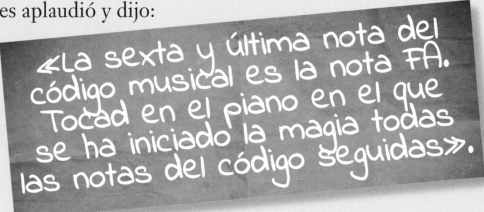

«La sexta y última nota del código musical es la nota FA. Tocad en el piano en el que se ha iniciado la magia todas las notas del código seguidas».

◆ ¿Recordáis las notas del código? –les preguntó Pe.

● ¡Sí! –respondieron los dos a la vez–. Son:

«mi   mi   fa   sol   sol   fa»

Cuando iban a empezar a tocar el código, apareció Astreo llevándose el piano en brazos.

● ¡No es justo! –protestaron los dos muy enfadados.

● Hemos realizado las pruebas correctamente, tenemos el código. Es totalmente injusto que se lleve ahora el piano.

◆ Tenéis toda la razón –dijo Pe indignada–. No lo pienso permitir.

■ Ni yo tampoco –añadió Pan–. Aunque tenga que pedir la ayuda de Zeus para que Astreo nos devuelva el piano.

Al oír nombrar a Zeus, Astreo volvió a aparecer, dejó el piano y se alejó enfadado, pues temía el gran poder de Zeus. Si una vez ya lo había convertido en estrella, en esta ocasión, lo podía convertir en algo peor...

● ¡Vamos a tocar las notas los dos juntos! ¡No perdamos tiempo! –dijo Dani.

● Son las notas del «Himno de la alegría» de Ludwig van Beethoven! –dijo Clara después de tocar.

LUDWIG VAN BEETHOVEN NACIÓ EN ALEMANIA EN 1770 Y MURIÓ EN AUSTRIA EN 1827. FUE COMPOSITOR, DIRECTOR DE ORQUESTA, PIANISTA Y PROFESOR DE PIANO. ES CONSIDERADO UNO DE LOS COMPOSITORES MÁS IMPORTANTES DE LA HISTORIA DE LA MÚSICA.

En aquel momento se quedaron sin habla, ya que no sucedía nada... Todos sus compañeros y compañeras seguían inmóviles, tal como se habían quedado cuando se había iniciado la magia, Alicia aún continuaba allí presente, Pan también...

Entonces, se apagaron todas las luces y

el techo del museo se convirtió en un cielo estrellado. Una de las estrellas estaba centelleando muy fuerte. Era Astreo que se alejaba convertido en estrella otra vez. La magia estaba desapareciendo.

A continuación, Pe aprovechó el silencio que se había creado para llevarlos a la sala contigua y decirles:

◆ Clara, Dani, os felicito por todo lo que habéis aprendido y por el interés y perseverancia que habéis demostrado. Mi nombre es Euterpe, soy la musa de la música y hoy excepcionalmente, como es el día de la música y sé que pueden pasar muchas cosas mágicas, he venido para ser la guía del museo. Además, sabía que estaba por aquí Pan y que podía estar Astreo u otro dios griego con poderes malignos y peores intenciones… –dijo mirando a Pan de reojo– y quería estar para ayudaros por si se les ocurría hacer de las suyas.

■ Tampoco me he portado tan mal –añadió Pan–. Sólo que me gusta pasarlo bien. En el fondo tampoco soy tan diferente de Dani y Clara. A los tres nos gusta saltarnos un poco las normas, pero sabiendo que se tienen que asumir las consecuencias de nuestros actos. Por cierto, os aconsejo que no dejéis de aprender a tocar el piano, no se os da nada mal… –y con estas palabras se fue de la sala y del museo para no volver en mucho tiempo.

● ¡Muchas gracias Euterpe por ayudarnos tanto! –exclamaron Dani y Clara al unísono.

◆ Por cierto, seguiremos aprendiendo piano, ¿verdad Clara? –preguntó Dani.

● Sí, tengo ganas de poder tocar muchas más canciones –respondió Clara.

● La verdad es que Pan me ha resultado muy simpático –dijo Dani.

● A mí también, pero Astreo no tanto –dijo Clara y añadió–: Me ha recordado a unos seres mitológicos que vi una vez en sueños.

Euterpe, en ese instante, recordó las aventuras que vivió una noche con Clara y su hermano David cuando Hades secuestró a Apolo... y sonrió, pero no comentó nada...

Alicia, que los había estado observando calladamente, los felicitó efusivamente y se despidió de ellos para volver al panel del que había salido. No quedaba mucho tiempo, la magia estaba desapareciendo y tenían que volver con sus compañeros.

◆ Venga, rápido, volvamos a la otra sala. Ahora tenemos que actuar como si nada de esto hubiera pasado. Pensad que todo está volviendo a la normalidad y si explicamos lo que ha sucedido nadie nos va a creer –dijo Euterpe, feliz.

Se acercaron donde estaban todos los compañeros de clase hablando tranquilamente y su profesor les preguntó:

■ ¿De dónde venís? Se os ve cansados, despeinados...

◆ Les he pedido que me acompañaran un momento a buscar... a buscar... un metrónomo, un atril y un diapasón... para que los podáis ver –dijo Pe, mientras recogía del suelo los tres objetos y miraba a Clara y a Dani sonriendo.

Euterpe aconseja...

■ Practicar con el piano: **https://synthesiagame.com/**

■ Siepmann, J., *El piano*. Ediciones Robinbook (2003).

■ Thompson's, J. *Easiest piano course. Part one.* The willis music company.

■ Visitar el museo de la música: **https://ajuntament.barcelona.cat/museumusica/es**

Y no te pierdas: